Daniela Kulot, 1966 im oberbayerischen Schongau geboren, hat schon seit frühester Kindheit auf allem gemalt und gezeichnet, was ihr in die Finger kam. Die vielen Bilderbücher, die ihre Tante E. ihr damals mitbrachte, weckten in ihr den Wunsch: "Das will ich auch machen." Sie studierte Kommunikationsdesign an der Fachhochschule Augsburg und widmet sich seither ihrer Leidenschaft, dem Büchermachen und der Malerei. Mit ihrem fröhlichen und eigenwilligen Humor erfreuen ihre Bücher Kinder im In- und Ausland und wurden in über 30 Sprachen übersetzt.
www.daniela-kulot.de

Kulot, Daniela:
Wir sind klein, wir sind mutig, wir sind frech!
Die besten Geschichten von Maus, Bär und Elefant
ISBN 978 3 522 46076 7

Umschlagtypografie: Daniela Kulot und Doris Grüniger
Satz: Bettina Wahl, Salem
Reproduktion: HKS-Artmedia, Ostfildern
Druck und Bindung: Livonia Print, Riga

Pssst, ein Bär! © 2019 Thienemann in der Thienemann-Esslinger Verlag GmbH, Stuttgart
Maus zieht aus © 2019 Thienemann in der Thienemann-Esslinger Verlag GmbH, Stuttgart
Nasebohren ist schön © 2016 Thienemann in der Thienemann-Esslinger Verlag GmbH, Stuttgart
© 2024 dieser Ausgabe Thienemann
in der Thienemann-Esslinger Verlag GmbH, Stuttgart
Printed in Latvia. Alle Rechte vorbehalten.
Wir behalten uns die Nutzung unserer Inhalte für Text und Data Mining
im Sinne von § 44b UrhG ausdrücklich vor.

www.thienemann.de

Daniela Kulot

Wir sind klein, wir sind mutig, wir sind frech!

Die besten Bilderbuchgeschichten
von Maus, Bär und Elefant

Thienemann

Maus zieht aus!

Der kleinen Maus reicht's.
Mama und Papa sind sooo langweilig.

Und ihre beiden Freunde, der Hamster und der Wurm, gehen der kleinen Maus tierisch auf die Nerven.

„Ich ziehe aus", sagt die kleine Maus.

„Ich will allein sein!"

„Ich baue mir eine eigene Höhle.
Und zwar genau hier", sagt
die kleine Maus.

Sie fängt an zu graben.

Sie gräbt

und gräbt

und gräbt ...

… bis die Höhle endlich fertig ist.
„Ein bisschen leer", denkt die kleine Maus.

Na klar, es fehlt ja noch der Wagen mit all ihren Sachen drin. Aber der passt doch gar nicht durch das Loch!

Also kippt die kleine Maus
den Wagen um.
Plumperdibumm …
Alles rattert den Gang hinunter,
mitsamt der kleinen Maus.

„Mist, keiner hilft mir!"
Jetzt schaut die kleine Maus erst mal nach,
ob alles da ist.
Die Decke, der rote Zylinder, die Laterne,
die alte Schallplatte, die gelbe Kiste,
zwei Schnüre und der Hammer.
Alles da!

Die kleine Maus schleppt ihre Sachen
Stück für Stück in die neue Höhle.
Puh, ist das schwer!

Sie hängt die Laterne auf und spannt
die eine Schnur von links nach rechts ...

… und die andere Schnur von rechts nach links.
Sie knotet die Decke daran, und dann hängt
die Hängematte.

Die alte Schallplatte nagelt die kleine Maus
auf den roten Zylinder. Das ist der Tisch.

„Fertig!", sagt die kleine Maus.
Eine Hängematte zum Schlafen, ein Tisch,
um darauf zu essen, eine Kiste zum Sitzen,
und die Laterne für gemütliches Licht.

Aber halt, da ist doch noch was in der Kiste!
Ein Bild! Darauf sind Mama, Papa,
der Hamster und der Wurm.
Die kleine Maus hängt das Bild auf.

Dann legt sie sich in die Hängematte.
„Irgendwas fehlt noch in meiner Höhle",
denkt die kleine Maus.

Plötzlich rumpelt es und kracht und dröhnt.

Und dann sind Mama, Papa, der Hamster
und der Wurm da.
„Hurra", ruft die kleine Maus. „Wie schön,
dass ihr da seid! Ihr habt mir sooo gefehlt!"

„Du uns auch!", sagt der Hamster. „Und stell dir vor, der Weg zu dir ist gar nicht weit. Wir haben nämlich einen neuen Gang gegraben und können dich jetzt jederzeit besuchen."

„Da liegt was Riesengroßes
unter dem Baum", ruft die Maus.
„Was das wohl ist?", fragt
das Kaninchen.

„Sieht komisch aus",
sagt die Ratte.
„Kommt, wir schauen uns
das genauer an", sagt der Hamster.

Aha, ein Bär.

Da liegt er, mitten im Blumenfeld,
groß und stark
und hält ein Schläfchen.

Das Kaninchen hoppelt um
den Bären herum.
„Was für riesige Füße er hat", sagt es.

„Bestimmt trampelt er damit
all die schönen Blumen nieder."

SCHRECKLICH !

Die Maus sieht sich
den Bären genau an.
„Was für ein langes Fell
er hat", sagt sie.

„Bestimmt ist es dreckig
und stinkt."

BÄH!

Der Hamster sieht sich den Bären genau an. „Was für einen dicken Bauch er hat!", sagt er.

„Bestimmt ist er
mordsmäßig verfressen."

AUWEIA!

Als die Ratte sich den Bären ansieht, sagt sie: „Was für ein großes Maul er hat.

Bestimmt frisst er uns
mit einem Happs auf.
Kommt, lasst uns abhauen!"

„Oho, wen haben wir denn da?
Ein Kaninchen! Wie hübsch!
Und eine Maus! Wie süß!
Und einen Hamster! Wie goldig!
Und eine Ratte! Wie toll!"

Der Bär sieht sich die kleinen
Tiere noch mal genau an.
„Bestimmt habt ihr auch Hunger."

Er packt seinen Beutel aus.

„Na kommt!
Dann lasst uns was Feines
zusammen essen.

MAHLZEIT!"

„Nasebohren ist schön", sagt Elefant.

Und Maus, das Nachbarskind, findet das auch.

Nur Frosch, der darf das nicht,
sagt seine Mama.

Deshalb geht Frosch zu Elefant und Maus und fragt:

„Wisst ihr, warum Nasebohren verboten ist?"

„Keine Ahnung", sagt Elefant.

„Weiß auch nicht", sagt Maus.

„Das finden wir jetzt heraus", ruft Frosch.
„Wir fragen gleich mal meine Mama."

„Warum ist Nasebohren für Frösche verboten?",
fragen Frosch, Elefant und Maus.
„Da bleibt der Finger in der Nase stecken",
sagt Frau Frosch, „und geht niiie wieder raus!"

Dann gehen sie zu Papa Maus.
„Ist Nasebohren bei den Mäusen auch verboten?",
fragen Frosch, Elefant und Maus.

„Aber ja", sagt Papa Maus. „Gerade Mäuse können davon eine entsetzliche Nasenspitzenwurzelentzündung bekommen."

DIE NASE

Zuletzt gehen sie zu Mama Elefant.
„Dürfen Elefanten auch nicht in der Nase bohren?",
fragen Frosch, Elefant und Maus.
„Auf gar keinen Fall", sagt Mama Elefant.
„Bei Elefanten kann davon der Rüssel abbrechen,
und der wächst nicht wieder an!"

„Wie furchtbar,   wie schrecklich,

wie grauenhaft!"

„Dann sollten wir nie wieder nasebohren",
sagen Frosch, Elefant und Maus.
Und das versprechen sie sich auf dem Weg
zurück zum See.

Doch je länger sie über all das nachdenken,
desto weniger können sie es glauben.
„Vielleicht ist Nasebohren gar nicht so gefährlich,
wie unsere Eltern sagen", meint Frosch.

„Kommt, wir fragen lieber mal
die Großeltern dort!"

Aber als sie bei den Großeltern ankommen,
was sehen sie da?
„Die bohren ja auch in der Nase!"

„Dann stimmt das gar nicht, was unsere Eltern gesagt haben", schimpft Maus. „Ich bekomme vom Nasebohren gar keine Nasenspitzenwurzelentzündung."

„Und der Rüssel von Elefant bricht davon auch nicht ab", ruft Frosch.
„Und der Finger von Frosch bleibt nicht in der Nase stecken!", sagt Elefant.

„Dann können wir ja wieder nasebohren",
sagen Frosch, Elefant und Maus.

Das tun sie auch,
und es ist schöner
als je zuvor.